Couverture inférieure manquante

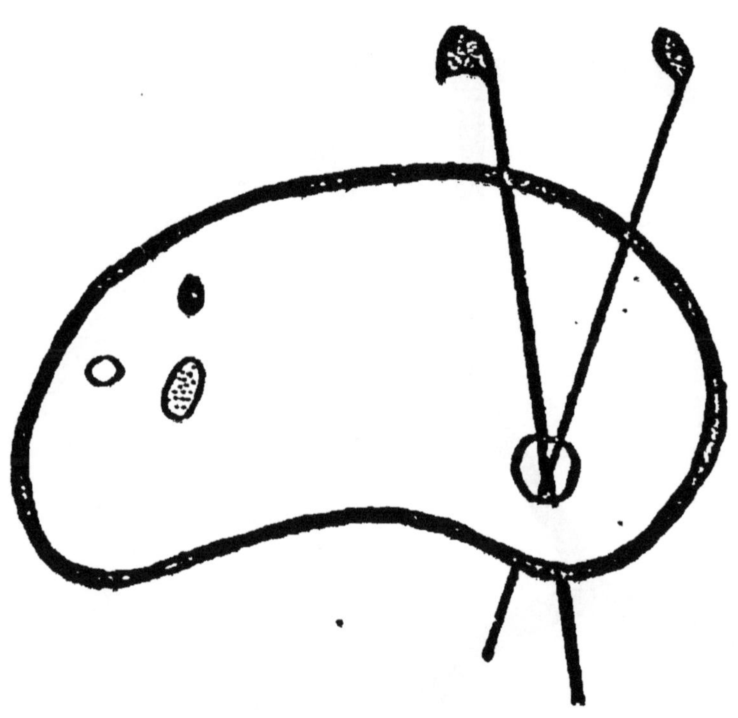

DEBUT D'UNE SERIE DE DOCUMENTS
EN COULEUR

LECTURES ET CONFÉRENCES
DE LA SOCIÉTÉ DES GENS DE LETTRES
(Séance du 10 avril 1870)

HISTOIRE
DU
CANAL DE SUEZ

PAR

FERDINAND DE LESSEPS

D'après la Sténographie de M. Sabbatier, sténographe au Corps législatif

EXTRAIT DE

L'ÉCHO DES LECTURES ET CONFÉRENCES

Prix : 1 franc

SE VEND AU PROFIT DE LA CAISSE DE RETRAITE
DE LA SOCIÉTÉ DES GENS DE LETTRES

PARIS
PICHON-LAMY ET DEWEZ
LIBRAIRES-ÉDITEURS, 15 RUE CUJAS

1870

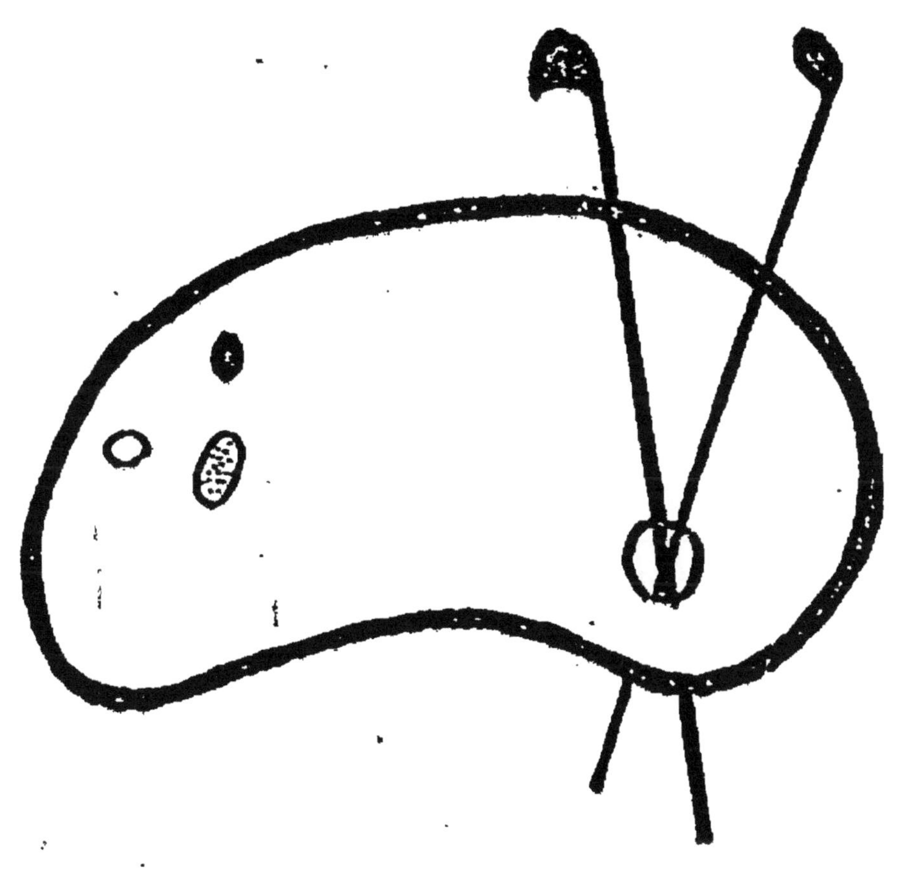

FIN D'UNE SERIE DE DOCUMENTS
EN COULEUR

HISTOIRE
DU
CANAL DE SUEZ

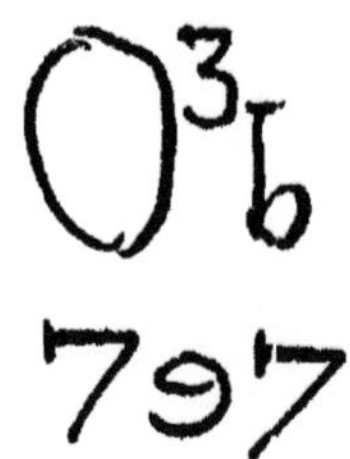

IMPRIMERIE GÉNÉRALE DE CH. LAHURE
Rue de Fleurus, 9, à Paris

LECTURES ET CONFERENCES

DE LA SOCIÉTÉ DES GENS DE LETTRES

(Séance du 10 avril 1870)

HISTOIRE

DU

CANAL DE SUEZ

PAR

FERDINAND DE LESSEPS

D'après la Sténographie de M. Sabbatier, sténographe au Corps législatif

EXTRAIT DE

L'ÉCHO DES LECTURES ET CONFÉRENCES

Prix : 1 franc

SE VEND AU PROFIT DE LA CAISSE DE RETRAITE
DE LA SOCIÉTÉ DES GENS DE LETTRES

PARIS

PICHON-LAMY ET DEWEZ

LIBRAIRES-ÉDITEURS, 15, RUE CUJAS

1870

HISTOIRE

DU

CANAL DE SUEZ

Mesdames et Messieurs,

Je me suis rendu avec empressement à l'aimable invitation de mes collègues de la Société des gens de lettres. D'ailleurs, c'est toujours avec un grand plaisir que je reviens dans ce quartier des Écoles. Je ne puis oublier que c'est à l'École de médecine que j'ai eu, pour la première fois, l'honneur d'entretenir le public du canal de Suez. J'ai commencé par la jeunesse patriotique et fougueuse ; car si l'on a pour soi la jeunesse et les femmes, on est sûr de réussir. (*Vifs applaudissements.*)

Dans cette dernière conférence, je serai heureux de retracer les faits historiques du percement du canal de Suez. Ce qui concerne les négociations a été publié ; les conventions avec le gouvernement égyptien sont connues de tout le monde ; pour le travail des ingénieurs, M. Lavalley a fait des rapports à la Société des ingénieurs civils. Ces diverses questions ont été bien comprises du public, qui sait par cœur l'isthme de

Suez, comme si cet isthme était aux environs de Paris. Je me bornerai donc à vous raconter sommairement les circonstances qui ont amené ou accompagné l'exécution du canal. Mon récit aura peut-être quelque utilité et pourra servir à ceux qui veulent se rendre compte de l'enchaînement des faits et qui étudient le cœur humain. — Rien n'est logique comme les faits. Je vous les dirai sans préparation, et tels qu'ils me reviendront à la mémoire, ne choisissant que les principaux ou ceux qui me paraîtront devoir vous intéresser. (*Très-bien! très-bien!*)

On me demande tous les jours, dans le monde, comment m'est venue l'idée du canal; rien d'utile ne se fait sans cause, sans étude et sans réflexion. Un illustre homme d'État, M. Guizot, a dit que le temps ne respectait que ce qu'il avait fait. C'est après cinq années d'études et de méditations dans mon cabinet, cinq années d'investigations et de travaux préparatoires dans l'isthme et onze années de travaux d'exécution, que nous sommes arrivés au but de nos efforts.

En 1849, je fus envoyé, par le gouvernement, en mission extraordinaire à Rome, sous l'inspiration du vote d'une Assemblée souveraine. Je devais suivre une ligne de conduite déterminée par ce vote. Quand l'Assemblée législative remplaça la Constituante, on voulut me faire suivre une autre ligne de conduite que je n'ai pas à blâmer, mais que je ne pouvais admettre. Ne voulant pas trahir ma mission, j'abandonnai vingt-neuf années de service diplomatique. La politique m'ayant ainsi fait des loisirs, je me livrai à mes études premières sur l'Orient et l'Égypte, tout en me construisant une ferme dans le Berry; cette situation se prolongea. Beaucoup de personnes m'ont jeté la pierre à cette époque et se sont détournées de moi, me reprochant de n'avoir pas changé d'opinion et de conduite. Les événements ont démontré, je crois, que la politique contraire à celle que j'avais l'ordre de suivre, et qui était conforme à mes idées, n'a pas été heureuse pour les intérêts de notre pays.

Appliqué à l'étude des questions orientales, mon esprit se reporta naturellement vers l'isthme de Suez. Il n'y a pas un enfant intelligent qui, à la première vue d'une carte géographique, n'ait demandé à son professeur pourquoi l'on n'allait point aux Indes en traversant l'isthme de Suez. Le maître répondait qu'il y avait une différence de niveau entre la mer Rouge et la Méditerranée; qu'il était impossible de creuser dans le désert un canal qui ne fût rempli aussitôt par le sable, etc., etc.

Mais aujourd'hui tous ces fantômes ont disparu : ce qui était impossible, il y a cinquante ans, est devenu facile avec la vapeur, le télégraphe électrique et tous les moyens que la science a mis à notre disposition.

De 1849 à 1854, j'ai étudié tout ce qui se rattachait au commerce entre l'Occident et l'Orient; j'ai reconnu que son mouvement doublait tous les dix ans, et que l'époque était venue où la formation d'une compagnie pour le percement de l'isthme de Suez pouvait le développer d'une façon merveilleuse. En 1852, lorsque mes études étaient déjà complètes et que je me vis dans l'alternative de gagner à ma cause un vice-roi d'Égypte que ses plaisirs absorbaient, ou de m'adresser à Constantinople, je pris ce dernier parti. Mes relations de famille et d'amitié permirent à ma demande d'être examinée, et me valurent la réponse que la solution de cette question ne concernait pas du tout la Porte ; qu'elle était plutôt l'affaire de l'Égypte. Remarquez que, plus tard, lorsque l'Égypte eut pris l'initiative du canal, l'Angleterre, qui avait fait faire, sans l'intermédiaire du Divan, le chemin de fer entre Alexandrie et Suez, réclama à la Porte, au nom de ses droits méconnus. Je gardai alors mon projet et je continuai à m'occuper de mes bestiaux et de ma ferme. (*On rit.*)

Un jour que j'étais sur le toit d'une maison en construction, au milieu des poutres et des charpentiers, on me présente un journal où étaient annoncés la mort du pacha et l'avénement de Mohammed-Saïd, fils de Méhémet-Ali.

Lorsque je résidais, comme agent français, auprès de Méhémet-Ali, ce grand prince m'avait témoigné beaucoup d'affection, à cause du souvenir de mon père qui avait représenté la France en Égypte, après la paix d'Amiens, et qui avait concouru à l'élévation du binbachi Méhémet-Ali-aga, venu de la Macédoine, avec un contingent de mille hommes.

Le premier consul Bonaparte et le prince de Talleyrand, ministre des relations extérieures, avaient donné pour instruction à leur agent de chercher parmi les milices turques un homme hardi et intelligent qui pût être désigné, pour être nommé, par Constantinople, pacha au Caire, titre à peu près nominal, dont il pourrait se servir pour abattre la puissance des mamelouks, contraires à la politique française. Un des janissaires de mon père lui amena un jour Méhémet-Ali-aga, qui, à cette époque, ne savait ni lire ni écrire. Il était parti de la Cavalle avec sa petite troupe, et il se vantait quelquefois d'être sorti du même pays qu'Alexandre. Trente ans plus tard, le corps consulaire venant complimenter, à Alexandrie, Méhémet-Ali-Pacha, sur les victoires de son fils Ibrahim-Pacha, en Syrie, le vice-roi d'Égypte se tournant vers moi, dit à mon collègue : « le père de ce jeune homme était un grand personnage, quand j'étais bien petit; il m'avait un jour engagé à dîner, le lendemain j'appris qu'on avait volé un couvert d'argent à table, et comme j'étais la seule personne qui pût être soupçonnée de ce larcin, je n'osais pas retourner dans la maison de l'agent français, qui fut obligé de m'envoyer chercher et de me rassurer. » Ce qui est très-beau dans la bouche d'un homme qui triomphait, avouant qu'on aurait pu avec raison l'accuser de larcin (*on rit*). — Telle a été l'origine de mes relations avec l'Égypte et la famille de Méhémet-Ali et par suite de ma liaison avec Saïd-Pacha. Son père était un homme extrêmement sévère qui le voyait avec peine grossir d'une manière effrayante (*nouveaux rires*), et qui, pour prévenir un embonpoint excessif chez un enfant qu'il aimait, l'envoyait grimper sur les mâts des bâtiments, pendant deux heures par jour, sauter à la corde, ramer, faire le tour des murailles de la ville. J'étais la seule personne qui fût alors autorisée à le recevoir; quand il entrait chez moi, il se jetait sur mon divan, tout harassé. Il s'était entendu avec mes domestiques, ainsi qu'il m'en fit l'aveu après, pour obtenir d'eux de se faire servir en cachette du macaroni, et compenser ainsi le jeûne qu'on lui imposait. Le prince était élevé dans les idées françaises: tête impétueuse et grande sincérité de caractère.

Quand Saïd-Pacha fut arrivé au pouvoir, mon premier soin fut de le féliciter. Deux ans auparavant, il avait été accusé de conspiration. Pendant qu'une conspiration se trame, on ne convient jamais qu'on en fait partie. Il s'était vu maltraité par le vice-roi; sa famille avait été exilée; les mécontents se réunirent autour de lui et. . il fut obligé de s'échapper comme il put. Il vint à Paris, y habita un hôtel, rue de Richelieu, où je l'allai visiter. Sa situation, l'accueil que je lui fis et ses souvenirs d'enfance amenèrent dès lors entre nous une amitié vraiment fraternelle. Peu de temps après, il retourna en Égypte et lorsqu'en 1854 il fut appelé à succéder à Abbas-Pacha, il me fixa un rendez-vous pour le retrouver à Alexandrie, au mois de Novembre 1854. Je m'y rendis. Il me donna pour résidence un de ses palais et m'engagea à l'accompagner au Caire, en traversant le désert libyque avec une petite armée de 11 000 hommes.

Le vice-roi installa son camp sur les ruines de Marca au delà du lac Maréotis, j'allai le rejoindre, j'avais toujours mon projet en tête, mais j'attendais le moment favorable pour en parler, car je voulais auparavant mettre le prince au courant du système, nouveau pour lui, des associations financières anonymes, qui peuvent apporter dans un pays des capitaux, sans ôter au souverain son influence, et en l'aidant au contraire à augmenter sa puissance par des moyens destinés à favoriser la prospérité publique. Il fallait en outre me concilier la bienveillance de l'entourage intime du vice-roi, composé en grande partie des vieux conseillers de son père, plus habiles aux exercices du cheval qu'à ceux de l'esprit. Je faisais avec eux des courses au désert, mon talent d'équitation m'avait conquis leur estime. Lié avec l'ancien compagnon d'enfance de Saïd, son ministre Zulfikar-Pacha, élevé à la française et en état de tout comprendre, je l'initiai à mon projet, et il fut convenu qu'il m'avertirait, le jour où il trouverait opportun que j'en parlasse à son maître.

Deux semaines se passèrent et le jour indiqué, 30 novembre 1854, je me présentai dans la tente du vice-roi placée sur une éminence entourée d'une muraille en pierres sèches et formant une petite fortification, avec embrasures de canons. J'avais remarqué qu'il y avait un endroit où l'on pouvait sauter à cheval par dessus le parapet, en trouvant au dehors un terreplein sur lequel le cheval avait chance de prendre pied.

Le vice-roi accueillit mon projet, m'engagea à aller dans ma tente pour lui préparer un rapport et me permit de le lui apporter. Ses conseillers et généraux étaient autour de lui. Je m'élançai sur mon cheval qui franchit le parapet, descendit la pente au galop et me ramena ensuite dans l'enceinte, lorsque j'eus pris le temps nécessaire pour rédiger le rapport, qui était prêt depuis plusieurs années. Toute la question se trouvait résumée clairement dans une page et demie, et lorsque le prince en fit lui-même la lecture à son entourage, en l'accompagnant d'une traduction en turc, et qu'il demanda son avis, il lui fut unanimement répondu que la proposition de l'hôte, dont l'amitié pour la famille de Méhémet-Ali était connue, ne pouvait qu'être favorable et qu'il y avait lieu de l'accepter.

La concession fut immédiatement accordée. La parole de Mohammed-Saïd valait un contrat.

En arrivant au Caire, il reçut au devant de la citadelle les représentants des divers gouvernements qui venaient le féliciter sur son avénement à la vice-royauté, il dit alors au Consul général d'Amérique : « Je vais vous damer le pion, à vous autres Américains, l'Isthme de Suez sera percé avant le vôtre. » Là-dessus il se mit à parler du projet. Le Consul général d'Angleterre paraissait fort ému. Étant présent à l'audience, et sur un signe du Prince, je fis remarquer que l'entreprise telle qu'elle était conçue, ne devait porter ombrage à personne, que tous les pays y concourraient également, s'ils le désiraient, par une souscription publique et que si j'étais chargé de former une compagnie financière d'exécution, c'était non comme français, mais à titre d'ami de l'Égypte et du vice-roi. Chaque Consul général s'empressa de transmettre la nouvelle à son gouvernement et la réponse fut l'envoi à Mohammed-Saïd de la grand'croix des ordres de presque tous les souverains. (*Très-bien! Très-bien!*)

L'acte de concession fut alors légalement octroyé le 30 novembre 1854. Une excursion fut décidée pour explorer l'Isthme, le Vice-Roi m'adjoignit trois ingénieurs français qu'il avait à son service, MM. Mougel Bey, Linant Bey et Aïvas. Pour quatre personnes il ne fallait pas moins de 60 chameaux dont 25 chargés d'eau, pour traverser ce désert peuplé aujourd'hui par 10000 habitants. Nous partîmes du Caire, nous traversâmes l'Isthme, du Sud au Nord, étudiant la nature du terrain, examinant la possibilité d'un nouveau tracé, car depuis les temps les plus reculés on n'avait songé qu'à un canal intérieur, du Nil à la mer Rouge, et non à un canal sans écluses creusé directement entre les deux mers. C'était le projet d'un canal fluvial et non maritime qu'avaient adopté les Saint-Simoniens et le Père Enfantin, auxquels on doit les études de 1847 et la reconnaissance de l'égalité de niveau des deux mers.

Les anciens projets, y compris celui de M. Lepère, ingénieur en chef de l'expédition française en Égypte, se servaient de l'eau du Nil pour la navigation du canal, au moyen de prises d'eau et d'écluses. C'était une erreur, et c'est ce qui fait que les projets américains pour le percement de l'Isthme de Panama ne pourront pas réussir, tant que l'on n'aura pas trouvé le moyen de couper simplement l'Isthme d'une mer à l'autre. Jamais, en essayant d'amener l'eau d'un fleuve intérieur à la mer, on ne parviendra à faire un canal maritime.

D'ailleurs, pour un parcours qui abrégera le voyage de 3000 lieues, il viendra nécessairement une époque où vous aurez peut être 100 bâtiments par jour ; le passage pour chacun exigera au moins une demi-heure, or il n'y a pas 100 demi-heures par jour. Puis les écluses sont une œuvre humaine qu'il faut entretenir, et réparer, d'où des chômages forcés, une grande consommation d'eau, et pas de certitude absolue. Je crois qu'aucun des projets américains actuels ne peut donner de bons résultats. Je le dis ici devant des représentants de l'Amérique, il faut que l'on se persuade bien qu'il n'y a aucune différence de niveau entre l'Océan Pacifique et l'Océan Atlantique, sauf la différence de la hauteur des marées sur les côtes. Laplace et Fourier l'ont nié pendant 50 ans devant toutes les Académies. (*Très-bien! Très-bien!*) Nous avons parfaitement constaté qu'il n'y avait pas de différence entre la mer Rouge et la Méditerranée, sauf celle qu'occasionnent les marées. En Amérique c'est la même chose. Je le dis hautement : les Américains ne pourront réussir qu'après avoir sérieusement étudié la question. Ils ont tracé leurs projets en lignes rouges ou bleues sur la carte, sans faire ni sondages, ni nivellements, ni aucun des travaux qui ont précédé notre entreprise. Nous avons passé cinq ans dans le désert, fait ensuite toutes les études préliminaires avant d'appeler des capitaux, et nous n'avons formé la compagnie d'exécution qu'après le verdict de la science Européenne. Que les gens honnêtes qui s'occupent de l'Isthme américain fassent, eux aussi, ces longues études préparatoires et nécessaires. Le canal de Suez s'est fait, grâce au concours des hommes supérieurs et compétents que nous y avions appelés. Ils sont venus faire un devis que dans l'exécution on n'a pas dépassé d'un centime, entendez le bien. La science l'a emporté sur tous les points. (*Très-bien! Très-bien!*)

Notre première exploration fut longue et pénible, et le résultat final a été celui que mon instinct m'avait fait deviner, à savoir qu'il ne fallait pas se servir de l'eau du Nil pour la navigation du canal de Suez. Dans notre parcours, nous écrasions sous les pieds de nos chameaux les croûtes de sels des lacs amers. Ces lacs ont 40 lieues de tour, c'était évidemment l'ancien golfe d'Heropolis. C'est par ce désert converti en mer intérieure que, le jour de l'inauguration, le 17 novembre dernier, une flotte a passé, *l'Aigle* en tête. (*Applaudissements.*)

Ce bassin contient aujourd'hui deux milliards de mètres d'eau. En 1854, notre caravane qui le traversait, portait notre eau, nos vivres, des moutons et des poules; hors ces animaux, il n'y avait pas même une mouche dans ce désert affreux. Le soir, nous ouvrions nos cages à poules, pleins de confiance et nous étions sûrs, le lendemain matin, que toutes nos bêtes viendraient se réunir autour de nous pour ne pas être abandonnées dans ces lieux désolés, où l'abandon est la mort. Lorsqu'on levait le campement le matin, et qu'au moment du départ, une poule était restée picotant au pied d'un buisson de tamaris, vite, elle sautait effrayée sur le dos d'un chameau pour regagner sa cage. (*On rit.*) Les Fellahs que j'avais emmenés étaient dans une inquiétude continuelle, car les habitants des bords du Nil ont la plus grande frayeur du désert. Eh bien, c'est ce désert que nous avons parcouru dans tous les sens, pendant deux mois, en décembre 1854 et en janvier 1855. Nous avons subi des coups de vent, mais je dois dire que les sables du désert n'ont pas des inconvénients aussi graves qu'on se plaît à le répéter; ils sont moins incommodes que la pluie ou la grêle qui, dans nos climats, nous surprennent en route. J'ai parcouru les déserts de l'Afrique jusque près de l'équateur, j'ai fait 350 lieues, monté sur un dromadaire, dans la saison des vents du sud, et je n'ai jamais été arrêté par ces vents réputés si violents, même lorsqu'ils soufflent en plein visage.

Un de nos compagnons de voyage disait que telle était la pénétration du sable, qu'il entrait presque dans les boîtes de montres hermétiquement fermées. Un jour que le vent nous était arrivé tout d'un coup, au moment du déjeuner, nous nous étions enveloppés de nos manteaux pour faire tranquillement notre repas. Cet ingénieur, persuadé que le sable pénétrait par les moindres fissures, cherchait à se mettre bien à l'abri; mais il avait laissé sans le remarquer un trou au-dessus de sa tête, par lequel je m'amusais à verser du sable (*on rit*). Voyez, me disait-il, le sable traverse même les étoffes (*nouveaux rires*). On nous menace constamment de l'envahissement des sables dans le canal et de l'impossibilité de nous en affranchir. Ce préjugé est tellement enraciné dans l'esprit public, que chaque jour on en fait un empêchement formidable pour la conservation du canal.

Après le passage de 130 bâtiments pendant les fêtes de l'inauguration, aucun apport de sable, aucune érosion n'ont été constatés. Depuis cette époque, 2, 3, 4 et 5 navires ont passé chaque jour, et le canal est tout aussi intact qu'avant l'inauguration. (*Très-bien! très-bien! applaudissements.*)

J'ai reçu, hier soir, une dépêche télégraphique qui m'annonce que pendant le mois de mars, nous avons eu 640 000 fr. de recettes, et que 6 bâtiments ont passé depuis le 7, ce qui fait 22 depuis le 1er du mois. (*Nouveaux applaudissements.*)

La progression est celle-ci (je crois utile de vous la faire connaître en interrompant l'ordre de mes idées pour vous montrer la marche ascendante du transit) : les bâtiments qui ont passé par le canal étaient au nombre de 9 en décembre, de 19 en janvier, de 20 en février, de 52 en mars, etc., depuis le commencement d'avril jusqu'au 9 de ce même mois nous comptons déjà 22 bâtiments à vapeur. (*Bravos prolongés.*)

Vous voyez que la vapeur a remplacé la voile. J'en demande pardon aux bâtiments à voiles qui d'ailleurs trouveront un dernier refuge dans la mer Rouge si calomniée. On a inventé pour les bâtiments à vapeur des perfectionnements qui permettent de réduire de beaucoup l'espace occupé anciennement par les machines et qui procurent une économie de 50 0/0 sur la consommation du charbon. Le vapeur anglais *Brasilian*, parti de Bombay, est arrivé à Liverpool portant dans ses flancs 13 000 balles de coton, et 2500 balles de laine, ce qui équivaut à 4000 tonnes. Il y a plus, et c'est un exemple admirable d'encouragement que l'Angleterre donne au commerce, par son initiative, un autre bâtiment, parti de Bombay, traverse le canal, dépose sa cargaison de coton sur les quais de Liverpool. Le coton immédiatement envoyé à Manchester, est mis en œuvre dans les manufactures et quelques jours après, le navire, avec sa précédente cargaison manufacturée, reprenait la mer, et retournait aux Indes par le canal. On a pu ainsi, en soixante-dix jours, amener des Indes et décharger en Angleterre du coton brut, puis le renvoyer tout travaillé aux Indes(*applaudissements*). J'ai voulu rapprocher cet exemple d'activité dévorante, du désert autrefois si aride où nos poules avaient si grande peur d'être oubliées (*on rit*). Aujourd'hui ce désert est peuplé. Nous y avons trois villes importantes. L'époque du début méritait d'être comparée à l'époque actuelle. (*Très-bien !*)

Permettez moi, après cette digression, de reprendre ma narration. Lorsque nous eûmes accompli notre première exploration et que les ingénieurs du vice-roi eurent rédigé leur avant-projet, je me rendis à Constantinople pour préparer l'exécution du projet et n'être pas accusé d'avoir manifesté trop d'impatience. Si j'ai été souvent hardi et entreprenant, je suis bien aise de montrer que j'ai pu être patient, quand il le fallait. Je n'ai jamais rien compromis; on a souvent attaqué mon ardeur, mais dans n'importe quelle circonstance, j'ai pris des précautions, et surtout je n'ai jamais manqué de suivre le droit chemin, c'est le seul qui conduit d'une manière certaine au succès; armé de la vérité, on est toujours assuré de la victoire. (*Applaudissements.*) Je me rendis donc à Constantinople, au moment de la guerre de Crimée. L'Angleterre étant opposée au canal, je m'entendis avec le Sultan, afin d'éviter toute collision entre les deux politiques. Je me contentai d'une lettre vizirielle adressée au vice-roi et permettant à ce dernier de continuer à s'occuper du canal.

Arrivé en Égypte, je remis cette lettre au vice-roi qui en fut fort satisfait; nous organisâmes tous les préparatifs d'études, et il fut décidé que je m'adresserais, pour les compléter, aux ingénieurs européens les plus habiles.

J'ai eu à lutter quelque temps à mon retour en France contre les partisans du tracé indirect. J'étais seul, sans relations dans la presse, contre des savants de grand mérite.

Je pris le parti de faire répondre à la science par la science. J'écrivis aux ministres des principales puissances de me désigner les ingénieurs qui tenaient le premier rang dans leur pays et je leur demandai de les autoriser à se réunir à nous.

L'Autriche nous donna M. de Négrelli, l'Italie, M. Paléocapa, l'Espagne, M. Montesino, la Hollande, M. Conrad, directeur général du service des eaux, la Prusse, M. Lentzé, envoyé par M. de Humboldt. Comme il n'y a pas en Angleterre de corps d'ingénieurs, je fis un voyage dans ce pays, et je choisis MM. Rendel, Mac-Lean et Manby, ingénieurs distingués, ainsi qu'un marin, le capitaine Harris, qui avait fait soixante-dix voyages dans la mer Rouge.

La France mit à notre disposition M. Renaud, inspecteur général des ponts et chaussées, M. Lieussou, ingénieur hydrographe de la marine, les amiraux Rigault de Genouilly et Jaurès.

Ce cénacle de savants fut convoqué par un simple particulier qui donnait rendez-vous, à Paris, à un troisième étage de la rue Richepance.

La plupart des ingénieurs ne se connaissaient point entre eux; c'étaient les hommes les plus compétents et dont la réunion présentait les plus grandes connaissances pratiques; ils avaient quitté leurs affaires, la direction de leurs travaux, avec un remarquable désintéressement, pour fonder une ère de civilisation nouvelle. Au jour fixé, à huit heures du matin, ils furent tous exacts, arrivant par le chemin de fer de Madrid, d'Amsterdam, de Berlin, de Vienne, de Londres. Après les présentations, nous eûmes notre première séance, à la fin de laquelle il ne m'était déjà plus permis de douter du succès de mon entreprise. Vous le pensez bien, messieurs, le concours de ces hommes distingués n'a pas eu lieu dans un intérêt d'argent : non. Aucun de ces savants n'a même voulu qu'on le remboursât de ses frais de voyage. (*Applaudissements.*)

2

Ils nommèrent une sous-commission chargée d'étudier le terrain en Égypte. Cette sous-commission, composée de cinq membres, accomplit sa tâche au milieu de toutes les difficultés, avec un zèle et un dévouement infatigables. Arrivée à Alexandrie, elle parcourut toute la haute Égypte. Au moment de son départ, le vice-roi l'attendait au barrage du Nil. Les souverains aiment à jouer au soldat. (*On rit.*) Le vice-roi qui avait ses troupes autour de lui, en grande tenue, reçut les membres de la commission avec les plus grands honneurs.

Je l'en remerciai. Je le remerciai surtout de les avoir reçus comme des têtes couronnées... « Eh! mais, me dit-il, ne sont-ce pas les têtes couronnées de la science! » (*Applaudissements.*) Il fit venir son précepteur et nous dit : « Je vais mettre mon précepteur à côté de vous à table, parce que c'est lui qui m'a donné l'instruction; si je dois quelque chose à quelqu'un, c'est à M. Kœnig, car la science est au-dessus de l'existence. Il m'a souvent mis au pain sec et à l'eau, mais je ne le lui rends pas aujourd'hui, il va déjeuner avec nous. » (*Sourires approbatifs.*)

Il fit généreusement sur sa cassette toutes les dépenses pour les explorations et les études de la commission qui dut remonter jusqu'à la première cataracte. Ces dépenses s'élevèrent à trois cent mille francs dont il refusa le remboursement, lorsque la compagnie fut formée quatre ans après. Une frégate vint attendre la commission à Péluse, et le 1er janvier 1856 nous rentrâmes à Alexandrie où le vice-roi nous attendait aux portes de son palais. Lorsqu'il apprit que la commission avait jugé le canal possible, en creusant l'isthme d'une mer à l'autre, sans recourir à l'eau du Nil, il se jeta dans mes bras et témoigna la plus vive satisfaction.

Il m'engagea à retourner en France avec la commission, à publier son rapport et à faire de la propagande en Angleterre.

Je partis, muni d'un acte définitif de concession et des statuts de la compagnie à former, lorsque je jugerais le moment opportun.

Dans mon premier voyage en Angleterre, autant je trouvai de sympathie chez les classes commerciales et lettrées, autant je trouvai de têtes de bois chez les hommes politiques. (*Bruit et applaudissements.*)

Ils disaient, comme autrefois les devins aux Pharaons, que cette œuvre était impossible; qu'il y avait une grande différence de niveau entre les deux mers. Ah! les devins de l'antiquité n'étaient autre chose que les politiques modernes! (*Rires.*) Il n'est pas rare que les doctrinaires se trompent.

Avant d'aller en Angleterre, j'avais publié, à Paris, un travail pour préparer les esprits au rapport des ingénieurs. Étant en Angleterre, je fais la même publication en langue anglaise, mais je ne fais pas encore de meeting, j'expose simplement mon projet à quelques hommes d'affaires. Un jour je vais chez un éditeur anglais. Et ceci est à noter : on s'occupe trop en France des coups d'épingle de la presse; en Angleterre on n'y fait pas attention. Là rien ne vous arrête, chacun dit ce qu'il pense et la vérité ne tarde pas à se faire jour, car la majorité des hommes est meilleure qu'on ne pense et le bien l'emporte en définitive sur le mal. (*Applaudissements.*)

Je vais donc chez mon éditeur anglais et je lui dis que mon désir est de répandre mon ouvrage, de le propager le plus possible et de le faire lire par tous. L'éditeur me promet une réponse pour le lendemain. Le lendemain je retourne chez lui et il me donne la note des dépenses, où la plus grosse somme est destinée à attaquer l'ouvrage. (*On rit.*) Il faut croire que l'épiderme des Anglais est moins sensible que le nôtre. Ce n'est pas nous qui payerions des verges pour nous fouetter. (*Nouveaux rires.*) « Il n'est pas besoin de louer un livre, me dit l'éditeur; quand il est attaqué, les honnêtes gens veulent le connaître et juger eux-mêmes. Combien d'ouvrages n'ont eu une immense vogue que parce qu'on a sonné les cloches contre eux ! » L'éditeur anglais était un homme de bon sens pratique. A mon retour à Paris, je publiai le rapport des ingénieurs qui fit une grande sensation.

Il fallait retourner en Égypte pour mettre le projet à exécution, pratiquer des sondages à des intervalles de 150 à 200 mètres, faire des nivellements. Les ingénieurs chargés des travaux préparatoires s'en acquittèrent avec intelligence et dévouement. Ce n'est certes pas sans raison que dans tous les pays du monde on recherche avec un si grand empressement les ingénieurs sortant de l'École polytechnique, et que la France s'en glorifie. (*Très-bien! très-bien!*)

J'arrive en Égypte. Aussitôt que la politique anglaise voit la bonne tournure que prennent nos affaires, ses agents ne reculent devant aucun moyen de nous nuire et vont jusqu'à menacer le vice-roi de déchéance; on cherche même à le faire passer pour fou. On m'avait honoré de ce compliment (*on rit*) à l'époque de ma mission à Rome. C'est ainsi que l'on traite les gens, aujourd'hui. Il y a cent cinquante ans, on les aurait enfermés à la Bastille. (*Sensation.*)

Je m'efforçais de rassurer le vice-roi, en lui disant qu'il n'avait rien à craindre; que j'avais sondé l'opinion publique en Angleterre et qu'elle était pour nous; mais rien ne réussissait, je le voyais tout découragé, malade, s'irritant outre mesure; le sang lui montait à la tête. Enfin, il me dit, un soir, qu'il ne pouvait plus résister à toutes ces obsessions; qu'on voulait soudoyer ses troupes dont les officiers sont turcs et les exciter à la désertion. Je lui fis observer que rien de ce qui se passait dans le désert n'étant connu de personne, nous n'avions qu'à faire les travaux demandés par la commission et à nous aller promener dans le Soudan jusqu'à Kartoum. Il y a là des populations qui ont été décimées, qui souffrent depuis quarante ans. Le frère aîné de Méhémet-Ali y avait été envoyé à cette époque. Dès son arrivée, il fixa l'impôt à 1000 chameaux, 1000 esclaves, 1000 charges de bois, 1000 charges de paille; il voulait tout par 1000. Les habitants, bon gré malgré, durent se soumettre. Mais, en même temps que l'on apportait ce tribut, on conspirait et l'on s'entendit pour se défaire d'Ismaïl-Pacha. Un jour que ce prince entouré de son état-major faisait un repas joyeux, les chefs insurgés enveloppèrent son camp d'une ceinture de combustibles composant une partie du tribut, le feu forma un immense cercle et tout Égyptien qui cherchait à en sortir était atteint par les flèches des Soudaniens. Ce fut un massacre épouvantable et l'on ne peut pas dire qu'il ne fût pas mérité.

La vengeance fut confiée par Méhémet-Ali à son gendre, le fameux Defderdar, qui commit dans ce pays de véritables atrocités; plus de 100 000 esclaves en furent arrachés pour être conduits en Égypte. Le nom de cet homme est resté comme le synonyme de fléau de Dieu. Croiriez-vous qu'il eut un jour la barbarie de faire ferrer un palefrenier qui avait mal ferré son cheval!

Une femme du pays vint porter plainte contre un soldat qui lui avait acheté du lait et refusait de le lui payer. « En es-tu bien sûre? lui demanda le tyran. Prends garde, on t'ouvrira le ventre s'il n'y a pas de lait dans celui de mon soldat. » (*Mouvement d'horreur.*) On ouvrit le ventre au soldat; on y trouva le lait. Depuis quarante ans, ces populations sont dans un état déplorable. J'engageai fortement Saïd-Pacha à profiter des loisirs qu'on lui faisait pour aller porter un soulagement à ces grandes misères, et je lui promis de l'accompagner.

Nous partîmes pour la haute Égypte et nous traversâmes le désert de Korosko. Arrivé dans la Nubie, le misérable état des populations le désolait, car il était fort sensible. Nous nous étions donné rendez-vous à Berber, ancienne capitale de l'empire de Méroé, là où cessent les cataractes. C'était le 1er janvier 1857, et je voulais lui souhaiter la bonne année ; je fais une trentaine de lieues en quelques heures, j'arrive auprès de lui et je le surprends sous sa tente, pleurant à chaudes larmes, comme un enfant. « Qu'avez-vous ? » lui demandai-je. « Lorsque mes généraux sont entrés tout à l'heure, me dit-il, et qu'ils m'ont fait la même question, j'ai répondu que c'était la musique qui me touchait ; c'est bien plutôt le sort de cet infortuné pays dont ma famille a causé les malheurs ; et lorsque je pense qu'il n'y a pas de remède, c'est pour moi une grande affliction. » Il continua à donner rendez-vous dans les villages voisins qui ont de grandes places et des fortifications et m'engagea à l'accompagner.

Un jour il y avait plus de 150 000 personnes qui étaient venues, à sa suite, du fond même de l'Afrique. C'est une chose véritablement curieuse que la facilité avec laquelle on se met en voyage dans ces pays. En présence de cette foule, on vint annoncer au Prince que, malgré sa défense formelle, un vieux Turc avait enfermé dans sa cave un esclave ; il fait bâtonner le maître et donne ordre de l'enchaîner et de l'emmener. Enfin, pour ne point paraître au-dessous de l'enthousiasme populaire, il céda à un beau mouvement de générosité : « Allez, dit-il, enlever les canons de la citadelle et jetez-les dans le Nil. » Il faut renoncer à dépeindre les transports, l'excès de joie qu'un tel ordre excita parmi cette multitude. Pour moi, j'étais un peu inquiet. « Croyez-vous que vous n'alliez pas trop loin et que nous puissions toujours nous fier à ces gens-là, » objectai-je au vice-roi. « Les canons sont trop vieux, me dit-il, pour tirer un seul coup. » (*Rires.*) Quand tout le monde fut réuni, le vice-roi déclara qu'il laissait aux habitants le soin de s'administrer eux-mêmes ; qu'il ne leur donnerait plus de chefs turcs, qu'il voulait établir chez eux les municipalités qui depuis le commencement du monde sont l'élément de toute société.

Nous nous dirigeâmes vers Kartoum, nom dont le sens est trompe d'éléphant, parce que la ville est située comme entre les deux défenses, entre le fleuve Bleu et le fleuve Blanc. Kartoum se trouve au point de jonction, c'est une ville de 40 000 âmes fondée par Méhémet-Ali. J'arrive le soir chez le vice-roi qui était fort gai ; il me dit en riant qu'à son arrivée il avait été accueilli par une musique militaire, exécutée sur des instruments que le pharmacien du régiment avait raccommodés de son mieux avec du sparadrap. Mais à peine étions-nous à table, que je vois sa figure s'assombrir ; il déplore de nouveau l'impossibilité dans laquelle il se trouve de rien faire, pour réparer le malheur dont sa famille est la cause, et prétend qu'il ne lui reste plus qu'à abandonner complétement le pays.

L'instruction de ce prince était étendue, il connaissait les Livres Saints et les Commentaires du Coran. Nous étions assis paisiblement, lorsque subitement il se lève, prend son sabre et le lance contre la muraille. Sa fureur est extrême, il m'engage à me retirer dans sa propre chambre ; il voulait passer la nuit dans son salon de réception, — aucun de ses ministres n'osait l'approcher. — En Égypte, quand le vice-roi est en colère, chacun se sauve. (*Rires.*) Toute la nuit j'eus près de moi les ministres du Pacha qui le croyaient fou. Nous envoyions un bey de temps en temps vers lui pour savoir ce qu'il faisait. A 3 heures du matin, il demande un bain ; au petit jour, il m'appelle. Je le vois sur son divan : « Lesseps, me dit-il, vous vouliez vous promener sur le Nil blanc, je vous en donne la permission. — Vous étiez souffrant hier ? lui demandai-je. — Ah ! pardon, me dit-il, ce n'était pas contre vous que j'étais en fureur, c'était contre moi-même. Je voyais le mal, je ne voyais pas le remède, je m'irritais de n'avoir pas eu votre idée si pratique, de donner des lois à ce pays et de chercher à l'organiser. A votre retour, vous verrez, vous serez content de moi. »

Je m'embarquai pour remonter le Nil blanc avec Arakel-Bey, frère de Nubar-Pacha, aimable et intelligent jeune homme élevé en France, et ambitieux du bien. Nous voyions arriver de tous côtés sur des dromadaires, des caravanes qui voulaient, ainsi qu'elles disaient, remercier le grand prince qui donnait au pays la liberté. Le bruit s'en était répandu dans tout le désert. Quelques jours après je retourne chez le vice-roi. Il me dit qu'il a rendu trois ordonnances, lesquelles, à mon avis, sont un modèle d'organisation pour une société nouvelle. Le fonds en est la générosité, la loyauté, la droiture. (*Très-bien! très-bien!*)

Arakel-Bey, nommé gouverneur général du Soudan, fut chargé de faire exécuter ces ordonnances. Malheureusement une mort prématurée est venue détruire les espérances fondées sur son administration.

Nous avions décidé notre retour en Égypte. Au lieu de revenir par le désert de Korosko, nous changions notre itinéraire et nous prenions le chemin opposé, par le grand désert de Bayouda. Pendant ce voyage de 350 lieues, je marchai toujours sans armes et je n'eus aucune inquiétude. Chargé d'armes, chargé de peur, dit-on avec raison. (*Sourires approbateurs.*) Je me tenais à plusieurs jours de distance du vice-roi, à cause de l'approvisionnement d'eau de nos caravanes, et j'étais toujours bien pourvu des vivres nécessaires.

« Comment se fait-il, me demandait souvent le Prince, que vous nagiez dans l'abondance pendant que tout nous manque? — Je le crois bien, votre gouvernement a si fort maltraité ce pays que j'ai moi-même à souffrir de la défiance des habitants. Il faut que j'attende une heure, deux heures avant que leurs enfants se risquent à m'approcher. » (*On rit.*) Ce sont toujours les enfants qu'on lance d'abord en reconnaissance. S'ils hésitent par trop, je leur jette quelques petites pièces de monnaie, des coquillages, de la verroterie. Ils ne tardent pas à s'en aller raconter à leurs mères ce qu'ils ont vu, et les femmes d'accourir; ce ne sont pas généralement les plus jeunes. (*Nouveaux rires.*) Elles m'entourent et me demandent pourquoi j'ai fait des cadeaux à leurs enfants : « Je suis, leur dis-je, un homme généreux qui voyage pour mon plaisir et pour le bien des pays que je visite. — As-tu besoin de quelque chose? crient en même temps toutes les voix. — Si, au contraire, vous désirez quelques provisions, répliquai-je à mon tour, j'en ai rapporté beaucoup. Venez dans mon campement qui est à une heure d'ici; nous ne sommes que trente. » Quand on a l'air de ne rien désirer, c'est alors que tout le monde vous offre ce dont on a besoin. (*Très-bien! très-bien!*) Aussitôt que les femmes âgées étaient parties, arrivaient, curieuses, les jeunes filles (*ah! ah!*), assez jolies sous leur couleur de bronze florentin. Les jeunes hommes suivaient de près, cela s'entend. Alors on se livrait à des réjouissances sous la tente, on apportait des moutons, des chèvres, des dattes, du lait et tout ce qui pouvait nous être agréable. Chose curieuse! ces gens-là n'ont jamais voulu recevoir mon argent; cependant ils m'auraient peut-être tué si je m'étais présenté à eux avec des armes. Un autre jour, le vice-roi me dit : « Vous êtes privilégié, vous, à ce qu'il paraît. J'avais un très-beau service; il est arrivé en morceaux. — Si vous preniez les précautions que je prends, lui répondis-je, et si vous ne confiiez pas votre vaisselle à des gens qui n'y font aucune attention, il en serait autrement. » Or, le vice-roi, pour remplacer le chameau qui portait d'ordinaire ma vaisselle et qui était fatigué, en choisit un autre très-vif et presque sauvage, qui fit sauter mes assiettes et mon service, à la grande hilarité du Prince qui se tenait les côtes en voyant le désastre du ménage qu'il m'avait donné lui-même. (*On rit.*)

Après trois mois de voyage, nous revînmes au Caire où tout était menaçant. Le gouvernement anglais, par la bouche de lord Palmerston, avait prononcé, au Parlement, des paroles désobligeantes à mon adresse. Il m'avait présenté comme une espèce de pick-pocket voulant prendre aux actionnaires leur argent dans leurs poches. (*Hilarité générale.*) L'alliance de la France et de l'Angleterre pour la guerre de Crimée durait encore; muni d'une recommandation de M. de Rothschild, je commençai des meetings que je continuai en Angleterre, en Irlande et en Écosse, pendant vingt-deux jours. Comme preuve de la liberté dont la parole jouit outre-Manche, je dirai qu'à Liverpool le lord-maire, connaissant mon désir, m'offrit sa coopération, prépara la salle, fit les annonces à ses frais et prit la présidence de la réunion. Je m'attendais à un accueil peu favorable du public : il n'en fut rien. Malgré le mélange affreux des mots anglais que je noyais au milieu d'expressions françaises, chacun m'applaudissait, voulant montrer qu'il me comprenait parfaitement. Je parcourus ainsi l'Irlande et l'Écosse en vingt-deux jours, accompagné de M. Daniel-Adolphe Lange, notre représentant à Londres, qui me rendit de grands services. En arrivant dans cette ville, j'allai trouver les écrivains de la presse; je les priai de venir à mon meeting; ils y vinrent, et jamais je ne leur donnai un penny. Le soir je corrigeais les épreuves; j'emportais mille exemplaires, et j'allais le lendemain dans une autre ville où je faisais distribuer mes épreuves. Je priais le personnage important de l'endroit de vouloir bien être président. Il y a partout des hommes qui aiment à rendre service et qui, dans un intérêt public, se prêtent de bonne grâce à ce qu'on leur demande. Je choisissais un secrétaire pour adresser les invitations. La liberté de discourir n'est gênée en rien en Angleterre; elle est au contraire aidée, favorisée par tout le monde. Un jour, arrivant dans une localité, j'apprends que l'homme le plus considérable était un lord chef de justice qui inspectait la prison. J'entrai sans aucune difficulté; mais quand je voulus sortir, je trouvai les portes fermées. (*On rit.*) Une autre fois, mon candidat présidait une cour de justice. Après que le premier procès fut terminé, je fis prier le personnage de passer dans son cabinet, et je lui dis que je voulais parler en public. « Tout le monde peut le faire, » me répondit-il. Il voulait d'abord s'excuser de prendre la présidence à cause de ses occupations, mais, sur mon insistance, il se chargea de tout, des frais de convocation, d'installation et des autres détails. Voilà comment les choses se passent en Angleterre; on y comprend que la vérité sort toujours de la discussion; les choses les plus absurdes y ont entrée libre, parce qu'elles provoquent utilement de bonnes explications. Notre haute société est, à mon sens, plus irréconciliable que les pauvres gens d'en bas. Pourquoi ne pas les instruire ou empêcher qu'on le fasse? Je me suis trouvé à Marseille dans une chaude réunion populaire, composée de plus de trois mille personnes. Je n'ai pas craint de me mettre en face d'eux et de défendre ce qu'ils attaquaient. Qu'on les poursuive, qu'on entrave la liberté de discussion, la vérité ne parviendra point jusqu'à ces hommes, et cela uniquement au profit des doctrines funestes qui se propageront dans les sociétés secrètes. (*Marques d'assentiment.*) J'approuve qu'on enseigne le grec et le latin à nos enfants; mais ce qu'il ne faut pas négliger, c'est de leur apprendre à sagement penser et à parler bravement. (*Très-bien! très-bien!*)

Les hommes sont généralement de bonne foi; quand on leur dit la vérité, ils l'écoutent et reviennent de leurs erreurs.

Mes discours ayant donné pleine satisfaction, et l'opinion publique m'étant favorable, je n'avais qu'à la suivre; je revins en Égypte et à Constantinople, et me servis du succès des meetings pour contre-balancer les efforts de la diplomatie anglaise.

Je n'y réussis qu'en 1858; comme vous le voyez, les démarches avaient été longues et laborieuses. Songez que pendant les quatre premières années, je faisais par an dix mille lieues, plus que le tour du monde.

La résistance ne tarda pas à devenir moins vive du côté de Constantinople. Ces braves Turcs me disaient toujours : « Faites ce que vous voudrez; seulement ayez soin de vous entendre avec les puissances et qu'elles ne viennent pas nous tourmenter sans cesse. »

Je continuai donc d'aller de Constantinople au Caire, et *vice versa*, jusqu'au moment qui me parut opportun pour demander au public des capitaux. On m'a beaucoup reproché cette hardiesse.

Les études préparatoires étaient très-avancées; j'avais projeté une circulaire avec mes amis, je m'étais même occupé de l'organisation; tout était prêt, mais je restais à Constantinople dans la crainte que, en l'absence d'un firman, il ne partît de la Porte une protestation. Nous nous trouvions dans une situation difficile que nos adversaires ne manquaient pas d'exploiter.

Pourtant je me décidai à partir pour Odessa, où je fus reçu à merveille, et pour les principales villes de l'Europe. J'y faisais des réunions qui excitèrent, comme au théâtre de Marseille, des transports d'enthousiasme, en dépit de tous les financiers et même de quelques-uns de mes amis qui me reprochaient ma précipitation, laquelle pouvait tout compromettre et rendre l'avenir impossible. Cependant on m'engageait à ouvrir la souscription chez M. de Rothschild. Je lui avais rendu quelques services, lorsque j'étais ministre à Madrid, et il voulait bien s'en montrer reconnaissant :

« Si vous le désirez, me dit-il, je ferai votre souscription dans mes bureaux.

— Et que me demanderez-vous pour cela? répliquai-je enchanté.

— Mon Dieu, on voit bien que vous n'êtes pas un homme d'affaires.... C'est toujours 5 pour 100.

— 5 pour 100 sur 200 millions, mais c'est 10 millions! Je trouverai un loyer de 1200 francs et je ferai tout aussi bien mon affaire. » (*Rires approbateurs.*)

Or, le Grand-Central venait de quitter la place Vendôme; c'est là que j'ai établi le siége de l'administration; c'est là que les capitaux sont arrivés en abondance.

Suivant le conseil du vice-roi, j'avais réservé pour les puissances étrangères une partie des actions. Mais la France, à elle seule, en a eu, sur la totalité, 220 000, l'équivalent de 110 millions.

J'ai été, pendant le cours de cette souscription, témoin de faits assez curieux et pleins de patriotisme.

Deux personnes demandaient à souscrire. L'une était un vieux prêtre chauve, sans doute ancien militaire, qui me dit :

« Ces ...... d'Anglais. (*On rit.*) Je suis heureux de pouvoir me venger d'eux en prenant des actions sur le canal de Suez. » (*Très-bien!*)

L'autre, qui vint dans nos bureaux, était un homme bien mis, je ne sais quelle était sa profession :

« Je veux, dit-il, souscrire pour le chemin de fer de l'île de Suède.

— Mais, lui fit-on observer, ce n'est pas un chemin de fer, c'est un canal; ce n'est pas une île, c'est un isthme; ce n'est pas en Suède, c'est à Suez.

— Cela m'est égal (*nouveaux rires*), répliqua-t-il; pourvu

que cela soit contre les Anglais, je souscris. » (*Très-bien, très-bien.*)

Le même entrain de patriotisme se rencontra chez beaucoup de curés, chez les militaires.

A Grenoble, tout un régiment du génie s'est cotisé pour avoir sa part dans cette œuvre éminemment française.

Les hommes de lettres eux-mêmes, et les fonctionnaires retirés, qui généralement n'ont pas un sou dans les affaires, voulurent encourager nos efforts.

Le vieux comte de Rambuteau, aveugle, me disait un jour :

« Je n'ai jamais placé un centime dans n'importe quelle entreprise, cependant je vous ai pris deux actions.

— Ces deux actions me font plus de plaisir, lui dis-je, que cent mille autres achetées par un banquier, car elles me sont une nouvelle preuve de la sympathie de la France pour mon entreprise. » (*Très-bien, très-bien.*)

Je m'arrête ici un moment; vous devez avoir besoin de vous reposer quelques instants.

La séance est suspendue. Quelques minutes après, M. de Lesseps reprend ainsi :

Nous arrivons à la seconde partie de cette conférence. Je dis : *nous*, parce que vous y prenez autant de part que moi. Il est certain que si votre bienveillance n'était là pour me soutenir, je parlerais avec moins d'aisance que je ne le fais devant vous. Je vous parle comme à des amis. (*Applaudissements.*)

Nous sommes arrivés au moment où la Compagnie est constituée financièrement. Le Conseil d'administration envoie une commission prendre possession des terrains. Nous nous présentons avec un exposé adressé au vice-roi, que les difficultés continuellement suscitées depuis la formation de la Société avaient poussé à bout, à ce point qu'il ne voulait plus nous entendre, et ne nous accordait que les audiences les plus courtes possibles. Pour lui donner connaissance de notre lettre, il fallut la mettre sur un fauteuil et la reprendre afin qu'il n'eût pas l'air d'avoir reçu notification de l'existence de la Compagnie. Comme je savais qu'au fond nous pouvions compter sur lui, nous restions toujours dans une extrême réserve. Nous partîmes pour le Caire, et lui pour la haute Égypte. Un jour il apprend que j'avais besoin de me rendre au Caire où il se trouvait; aussitôt il fait monter son neveu, le vice-roi actuel, et son frère, en wagon avec lui, et presse tellement la marche du train que son frère lui dit : « Monseigneur, nous courons plus de danger sur ce chemin de fer qu'avec M. de Lesseps. » (*On rit.*)

Sans me comparer à Moïse, une chose m'étonnait, étant jeune, quand je lisais la Bible. On y voit, en effet, qu'il entrait chez Pharaon, le reprenait, le menaçait. Comment se fait-il, me demandais-je, qu'un si grand souverain ne mette pas ce gaillard-là à la porte, ou même qu'il le laisse s'approcher de lui? (*Nouveaux rires.*) Voici pourquoi. En Orient, lorsqu'un prince a connu quelqu'un pendant son enfance, il ne peut pas lui interdire le seuil de sa maison. Aussi le vice-roi prenait-il le parti de s'en aller. Pendant longtemps, lorsque les difficultés surgissaient de toutes parts, rien ne l'ennuyait plus que de parler du canal; il me demandait de rester plusieurs semaines sans le voir; il disait à tout le monde de ne me rien accorder, pendant que sous main il permettait de me venir en aide. Ainsi, dans un campement où l'on nous refusait l'eau, un de nos ingénieurs ne put en obtenir qu'en menaçant de son pistolet le chef de barque intimidé. Devant ses ministres, le vice-roi s'indigna de cette conduite, qu'il approuvait, j'en suis certain. En public, il disait qu'il m'avait retiré son amitié; qu'il défendait de nous secourir, etc. Un jour, en plein Conseil, il venait de faire une sortie de ce genre; tout le monde avait quitté la salle, lorsque, dans un coin, le vice-roi aperçut le gouverneur de la ville. « Que fais-tu là? lui demanda-t-il; n'as-tu pas entendu ce que j'ai ordonné? — Pardon, monseigneur, mais Votre Altesse l'a fait avec tant de violence qu'il est impossible que ce soit sa pensée. — Tu m'as compris, dit le vice-roi; va-t'en, mais prends garde que si tu laisses soupçonner que j'ai pu t'autoriser à aider Lesseps, tu auras affaire à moi. » (*Rires et applaudissements.*)

Aussi, dès le lendemain, j'eus l'audace, du moins aux yeux du public, de faire chercher parmi les Européens les gens du pays qui étaient disposés à entrer à notre service. On avait chassé de nos chantiers tous les indigènes; il ne nous était resté que des Français. Ils sont toujours solides au poste, nos compatriotes! Sans eux, je n'aurais pas fait le canal qui est bien l'œuvre de leur science et de leur énergie. (*Vifs applaudissements!*) — Ce jour-là, je louai pour 1200 francs par jour un bateau à vapeur qui dépendait du gouvernement; j'y embarquai des gens de toute espèce au nombre de deux cents; je me mis à leur tête, et la police ne nous demanda pas nos papiers. En quittant le port, je n'avais pas osé réclamer un bulletin de santé, ne voulant pas me mettre à dos l'absolutisme sanitaire. Depuis la fameuse peste de Marseille, en 1750, on prend toutes sortes de moyens pour se garantir d'un mal qui arrive bien rarement et que les quarantaines n'empêchent jamais, lorsqu'il doit venir; on s'entoure de précautions parfaitement inutiles et qui nuisent au commerce. (*Marques d'approbation.*) C'est ainsi que le premier bateau des Messageries impériales qui vient d'arriver des Indes par le canal a été retenu cinq jours à Marseille.

A Damiette, je trouve un garde que j'emmène. « Et si je perds ma place? me demande-t-il. — Je t'en donnerai une autre, » lui dis-je. (*Rires approbatifs.*) Il vient avec moi chez le gouverneur, qui, m'apprend-on, est au lit. C'est bon! puisqu'il n'y a pas de gouverneur, nous sommes maîtres de la ville (*nouveaux rires d'approbation*); nous prenons des provisions et nous retournons à bord sur un canot. Quelques jours après, j'interroge le gouverneur sur la maladie grave qui le retenait au lit quand j'avais voulu le voir. Voici ce qu'il en est, me répondit-il : « J'avais envoyé une dépêche télégraphique au vice-roi pour l'informer que tu avais ramassé des hommes et réuni des provisions, pour les amener à Port-Saïd, et je demandai des instructions. « Imbé-« cile! me répondit le vice-roi, ce n'est pas ainsi qu'on écrit « *Saïd!* » Quand j'ai vu que la solution était si peu claire, afin de couper court à toute difficulté, je me suis mis au lit. » (*Hilarité.*)

Je reviens au départ du Caire de la Commission administrative chargée de prendre possession du terrain de l'isthme. On alla demander au chef des chameliers du Caire une centaine de chameaux. Il prétendit qu'il n'en avait pas. Lorsqu'on m'apporta cette nouvelle, j'étais occupé à exhorter mes compagnons à la patience envers les Arabes.... J'interromps mon discours; je vais trouver dans ma chambre le chef chamelier, je lui fais une telle peur qu'il se jette à genoux et me promet tout ce que je veux. Je l'emmène devant le gouverneur et je lui fais donner l'ordre de former notre caravane.

Nous arrivons au dernier village qu'on rencontre avant de quitter la basse Égypte. Pendant que mes compagnons étaient partis pour la chasse, on m'apprend qu'un officier de la police du Caire, homme qui nous suivait depuis plusieurs jours, s'était emparé de quelques-uns de nos chameliers et les avait emprisonnés la corde au cou.

3

Immédiatement je me rends vers lui, et en pleine place publique, après lui avoir demandé ses ordres qu'il ne put me montrer, je le traitai de façon à montrer à la population que j'étais au-dessus de lui. En Orient, il faut être le marteau ou l'enclume. Les jeunes gens du village et surtout les femmes se précipitèrent, avec de grandes clameurs, du côté de la prison, et ouvrirent les portes aux prisonniers qui reçurent chacun une guinée de 25 francs en indemnité du traitement qu'ils avaient subi. (*Très-bien! très-bien!*)

Notre dernière station, avant de nous enfoncer dans le désert, était proche de Koreïn, sur la route de Syrie, où les philosophes grecs, les patriarches, de grands conquérants, la sainte famille et Napoléon Ier ont passé. Quelques-uns de nos hommes vont demander de l'eau et du lait. On leur répond qu'il n'y en a point. La vérité était, comme je le savais, que l'officier de la police du Caire, qui continuait à nous suivre, avait excité les habitants du village à nous refuser tous les approvisionnements. Je fais venir les principaux de la localité sous ma tente. En ce moment nous courions un grand danger, car on annonçait à Alexandrie que nous avions été assassinés et massacrés par les Arabes. Je n'en savais rien. Cependant j'eus la précaution de donner à entendre à mes visiteurs que je n'étais pas homme à me laisser toucher impunément. Là-dessus, après le café, je leur montre un revolver que j'avais dans mes bagages, contrairement à mes habitudes et pour en faire cadeau. Je fais ranger six bouteilles vides à une certaine distance, et des six coups de mon revolver je les brise, à la grande stupéfaction de mes hôtes. « Sachez bien, leur dis-je, que nous sommes vingt dans ma bande et que je suis le plus mauvais tireur de tous. Nous entrons dans le désert, où tout point noir sera pour nous une gazelle. » Personne n'est venu déranger notre voyage; nous l'avons fait en toute tranquillité. Nous avons pris possession du terrain et donné le premier coup de pioche à Port-Saïd, au grand émoi de lord Palmerston.

En arrivant à Suez, le gouverneur de la ville, accompagné du chef de police que j'avais mis à la raison, me fit ses excuses.

Le vice-roi avait promis de nous donner 20000 hommes; mais en 1861 il fut si tourmenté, il y eut dans la diplomatie une telle animosité, qu'il me pria, et avec une certaine raison, de ne pas l'obliger à tenir ses engagements. Je lui conseillai moi-même d'user d'une grande prudence. C'est alors que je fis un voyage chez mes amis les Philistins, population de travailleurs solides et vigoureux, puisque Samson en était. (*On rit.*) Comme ils tiennent toutes les plaines depuis les confins de l'Egypte jusqu'aux montagnes de Jérusalem, ils ont toujours été l'effroi des voyageurs. Pourtant, il arrive souvent que les hommes, ainsi que les chevaux, ne sont méchants que parce qu'ils ont peur. (*Rires.*) Si vous leur apparaissez tout armés, ils vous tueront dans la crainte que vous ne vouliez les tuer. C'est bien naturel. Je cheminais à dromadaire, accompagné seulement de deux personnes; en parcourant les dunes de Katieh, qui ont 30 ou 40 lieues de longueur, avec des hauteurs de 4 ou 500 pieds composées de sables extrêmement fins, nous nous égarâmes.

En poussant ma monture en avant de nos compagnons, je remarquai du côté de la plaine une route qui me parut être la route de Syrie. Je criai à mes compagnons, qui me suivaient à distance, de venir vers moi. A ma voix, quatre hommes armés de sabres et de pistolets sortent d'un bois où ils étaient embusqués, jettent leurs manteaux et se précipitent vers nous.

J'étais sur une hauteur. « Eh bien ! mes amis, leur demandai-je, pourquoi accourez-vous si vite?

— Nous pensions, me dirent-ils, que tu étais égaré, et

nous venions te secourir, parce que si la nuit te surprenait au milieu de ces dunes, il y aurait grand danger. »

Peut-être ces gens étaient-ils là pour détrousser les passants. (*On rit.*) Mais ils me croyaient en danger, ils vinrent à mon aide, comme leur religion les y oblige. Ceci peut servir à l'étude du cœur humain.

Quand je rencontrais des groupes d'Arabes, je m'avançais seul vers eux ; je les saluais au nom de Dieu. Loin de me faire du mal, ils m'engageaient à venir dans leurs tentes, où je trouvais la meilleure hospitalité : les femmes faisaient sécher mes vêtements, me donnaient le café, etc. Dans chaque village je répandais en grand nombre une proclamation que j'avais fait imprimer pour appeler les populations au travail. Je leur disais que jusqu'à présent, ils avaient vécu comme des tigres, et que, s'ils voulaient, ils gagneraient beaucoup plus d'argent à venir travailler dans l'isthme, et courraient moins de dangers qu'à errer sur les grandes routes au risque d'attraper des rhumatismes ou des balles. Vous n'avez pas idée des ovations que me firent ces gens-là, sur toute la route. Sur la frontière d'Égypte, à El-Arich, les habitants me portèrent sur leurs épaules jusqu'au haut de la citadelle, où le gouverneur me donna l'hospitalité.

Les principaux de la ville m'accompagnèrent ensuite jusqu'à la limite de l'Égypte et de la Syrie, en chantant des psaumes et des cantiques.

Ces détails interrompent mon récit, mais l'attention avec laquelle vous m'écoutez m'engage à continuer. (*Parlez, parlez.*) A l'époque de la guerre de Syrie, en 1834, Ibrahim-Pacha avait eu à se plaindre de la population de Bethléem qui est catholique. Il avait envoyé aux galères tous les habitants en état de porter les armes, 400 jeunes gens et sans doute, comme fauteurs, une douzaine de vieillards. Étant président de la commission de santé, je voyais, à chacune de mes visites d'inspection, ces 12 vieillards et ces 400 jeunes gens qui entonnaient des cantiques en faveur de la France. Je leur demandai ce qu'ils voulaient, et ce qu'ils avaient fait. « Nous sommes emmenés en esclavage, me disaient-ils, parceque nous étions liés avec le chef Abougoch. » C'était un chef qui commandait le défilé où David tua jadis Goliath. Abougoch, issu d'une ancienne famille (elle remonte à 1100 ans) s'opposait de tout son pouvoir à la domination des Turcs sur ses compatriotes. J'allai trouver le vice-roi Méhémet-Ali; j'intercédai officieusement auprès de lui en faveur de ces malheureux catholiques; je le priai de les rendre à leurs familles. Méhémet-Ali me répondit : « Je ne peux pas vous promettre de faire tout ce que vous désirez et ce que je désire moi-même : je crains de blesser mon fils Ibrahim en renvoyant tous ces prisonniers qu'il a voulu punir de leur révolte; mais soyez tranquille, chaque semaine, j'en remettrai cinq à votre disposition. »

Aussitôt que cette nouvelle fut connue dans Bethléem, ma porte ne cessa d'être assiégée par les femmes et les parents de ceux qui étaient détenus aux galères. Je ne pouvais pas sortir de chez moi sans être, comme les grands de l'antiquité, entouré d'une foule de malheureux qui venaient solliciter ma protection. Ils me pressaient de toutes parts, déchiraient mes habits. Cependant Ibrahim-Pacha continuait le cours de ses victoires au mont Taurus et l'on pouvait sans le blesser être plus généreux vis-à-vis des Bethléemitains.

Dans cet état de choses, j'imaginai d'aller un jour chez Méhémet-Ali avec mes vêtements tout en lambeaux. « Qu'avez-vous? me dit le vice-roi. — C'est votre faute, répliquai-je, et je ne sais pas ce que cela peut durer. Tant que vous n'aurez pas mis en liberté mes protégés retenus aux galères, il en sera de même, et je ne suis pas au bout de mes peines, si vous ne relâchez que cinq prisonniers par semaine. » Enfin le vice-roi se rendit à mes prières et laissa tous ces braves gens retourner dans leur pays.

Trente ans après, dans le voyage dont je vous parle aujourd'hui, dès le premier jour de mon arrivée à Jérusalem, des vieillards en robe rouge viennent me saluer et me remercier en disant : « C'est toi qui nous as sauvés autrefois en détournant de nous la vengeance d'Ibrahim-Pacha.... sois béni. » Bien que charmé de cette bonne rencontre, j'étais un peu chagrin de voir que des hommes de mon âge fussent déjà si vieux. (*Sourires.*) Il y avait alors à Jérusalem une centaine de cavaliers français et cinquante officiers d'état-major, accompagnant le général Ducros, appartenant au corps expéditionnaire français. Venus pour assister aux fêtes de Pâques, je les engageai à m'accompagner jusqu'à Bethléem.

Depuis les croisades on n'avait pas vu défiler dans les montagnes de Jérusalem, des cavaliers français, les trompettes en tête; nous rencontrâmes échelonnés sur la route, de distance en distance, des jeunes gens d'abord, ensuite des hommes âgés qui augmentaient successivement notre cortége. A notre arrivée à Bethléem, la ville était en fête; les femmes faisaient fumer l'encens devant les naseaux de mon cheval, et comme c'est l'habitude, répandaient le sang des agneaux dans les rues; des fenêtres et des toits on chantait nos louanges selon la coutume orientale et notre chemin était jonché de verdure et de fleurs. Les officiers français ne cherchaient point à dissimuler leur émotion. Nous étions parvenus à la grotte de la Nativité, quand un vieillard se sépara des autres, et me présentant un enfant: « Voilà, me dit-il, un fils de ceux que vous avez sauvés. » (*Bruyants applaudissements.*)

Je vous remercie, messieurs. Croyez bien que si je vous dis ces choses, ce n'est pas pour provoquer vos applaudissements, c'est parce qu'elles ont été le commencement de cet élan et de cet enthousiasme universels que le temps n'a pu affaiblir, et qui ont mené à sa fin notre grande œuvre. (*Nouveaux applaudissements.*)

Ismaïl-Pacha, en arrivant au pouvoir, en 1863, se montra fort loyal à notre égard. Ce prince, comme son père, est un bon administrateur, et il se montra désireux de régulariser la situation de la compagnie.

A ce propos, plusieurs personnes vont m'objecter les théâtres et les acteurs pour lesquels il a fait dernièrement de grandes dépenses. Mais c'est un moyen de civilisation. On civilise par la science, on civilise aussi par le plaisir. (*Très-bien, très-bien.*) Le vice-roi veut à tout prix une régénération des mœurs de son pays ; il veut réformer les harems qui sont une cause d'abaissement intellectuel et moral (*marques d'approbation*) ; il veut que les femmes jouent leur rôle dans la société. Il leur a déjà réservé dans les théâtres des loges dont il fera plus tard, je l'espère, enlever les grilles dorées.

Je lui sais beaucoup de gré, au nom de la civilisation française, de s'être adressé à la France pour amuser et instruire ses sujets. Il a compris que la femme, dans la société, est le premier élément de progrès.

Le vice-roi sent bien que la transformation des musulmans est empêchée par l'inégalité injuste qui existe entre l'homme et la femme. En Orient, le monde ne marche que sur une jambe ; c'est pour cela qu'on y est en retard. (*Très-bien! très-bien !*)

Un jour, je me promenais à cheval avec le gouverneur de Suez, homme intelligent élevé en Turquie.

« Comment se fait-il que nous restions toujours au-dessous de vous, me disait-il attristé ? J'ai des compagnons qui ont fait leurs études en France, en Angleterre ou en Allemagne ; pourquoi, une fois en Orient, font-ils comme les autres? » En ce moment vint à passer, montée sur un cheval, la jeune fille du consul Anglais. « Lorsque vos femmes et vos filles galoperont ainsi à vos côtés, lui répondis-je, vous serez un peuple civilisé. » (*Très-bien.*)

J'ai dit la même chose au vice-roi, ce qui l'a frappé beaucoup. Il désire se servir des moyens qui ont civilisé les chrétiens, car la religion musulmane ne s'oppose pas au progrès. Un verset du Coran dit : Celui qui s'entête à vouloir faire toujours ce qu'a fait son père mérite les flammes de l'enfer.

Ismaïl est arrivé au pouvoir en 1863, avec les mêmes difficultés que son prédécesseur, en présence de l'opposition anglaise, mais il a su les surmonter, aidé par l'arbitrage de l'empereur qu'il avait bien voulu provoquer lui-même.

Nous sommes enfin sortis des difficultés politiques et nous avons obtenu le firman du sultan.

Dès lors, avec le concours de MM. Borel et Lavalley, grâce à leurs gigantesques inventions, nous avons fait marcher les travaux avec une activité qui, on peut le dire, n'avait pas de précédents dans l'histoire de l'industrie.

Nos dragues, dont les couloirs étaient aussi longs qu'une fois et demie la colonne Vendôme, enlevaient de 2 à 3 mille mètres cubes par jour, et comme nous en avions 60, nous parvenions à extraire par mois jusqu'à 2 millions de mètres cubes.

C'est une quantité dont personne ne peut se faire une idée exacte. Tâchons pourtant de nous en rendre compte en nous servant de comparaisons. 2 millions de mètres cubes couvriraient toute la place Vendôme et s'élèveraient à la hauteur de 5 maisons posées les unes au-dessus des autres. 2 millions de mètres cubes couvriraient encore toute la chaussée des Champs-Élysées jusqu'à la hauteur des arbres, entre l'obélisque et l'arc de triomphe, ou bien tout le boulevard, depuis la Madeleine jusqu'à la Bastille, serait occupé jusqu'au premier étage des maisons. (*Marques d'étonnement.*)

Voilà ce que nous enlevions par mois. Il a fallu 4 mois pour les 400 000 mètres cubes du Trocadéro, tandis que nous en creusions 2 millions en un mois. Rendons justice, messieurs, aux hommes de science et de courage qui ont exécuté cet immense travail. Ils ont bien mérité de la patrie et de la civilisation.

Il y a quelques mois, nous dûmes annoncer à notre Assemblée générale que le canal serait ouvert le 17 novembre. Il l'a été, en effet, non sans difficulté, non sans de terribles émotions. Je n'ai jamais vu aussi clairement que la chute est bien près du triomphe, mais en même temps que le triomphe appartient à celui qui, marchant en avant, met sa confiance en Dieu et dans les hommes. (*Bruyants applaudissements!*)

Quinze jours avant l'inauguration du canal, les ingénieurs viennent me dire qu'entre deux sondages pratiqués de 150 en 150 mètres, au moyen de puits carrés où pouvaient se tenir douze hommes, on a découvert une roche très-dure qui brisait les godets de nos dragues. On nous a reproché de ne pas nous en être aperçus plus tôt. Est-ce qu'on pouvait faire des sondages plus rapprochés sur une longueur de 164 kilomètres? A cette fâcheuse nouvelle, je cours à l'endroit indiqué. Il y existait une lentille de roche, s'élevant jusqu'à 5 mètres au-dessus du plafond du canal et ne laissant que 3 mètres d'eau. Que faire? Tout le monde commence par déclarer qu'il n'y a rien à faire. D'abord, m'écriai-je, vous allez demander de la poudre au Caire, de la poudre en masse, et puis si nous ne pouvons pas faire sauter le rocher, nous sauterons nous-mêmes. (*Rires et applaudissements.*)

Les souverains étaient en route pour venir au rendez-vous : toutes les flottes du monde avaient été convoquées, elles allaient arriver; il fallait à tout prix être en mesure de les recevoir. L'intelligence et l'énergie de nos travailleurs nous ont sauvés. Pas une minute n'a été perdue et tous les navires ont pu passer. (*Applaudissements.*)

Enchanté de ce résultat, le vice-roi vient me trouver et m'engage à faire les dispositions nécessaires pour recevoir les souverains et les étrangers, au nombre de 6000, que nous devions abriter et nourrir. Des hangars furent construits en quelques jours, pouvant contenir 600 personnes avec des tables toujours renouvelées et servies. Le vice-roi avait fait venir 500 cuisiniers et 1000 domestiques de Trieste, de Gênes, de Livourne et de Marseille. Il y avait aussi, en face du canal d'eau douce et du lac Timsah, un village de 25 000 Arabes qui donnaient également l'hospitalité sous des tentes. Tous ces préparatifs étaient faits, lorsque le 15, au moment où j'allais partir pour Port-Saïd, à 9 heures du soir, j'entends un bruit de pétards et de fusées qui éclatent. C'étaient les feux d'artifice qu'on avait apportés pour les fêtes et qui, arrivés trop tard par le chemin de fer, n'avaient pu être transportés, selon mon désir, en dehors d'Ismaïlia, dans les dunes. On les avait mis malheureusement dans le chantier de menuiserie et de charpentes qui occupait le milieu de la ville, et elle faillit devenir tout entière la proie des flammes. Deux mille hommes de troupes nous arrivent fort à propos et la ville est sauvée, grâce au moyen toujours employé à Constantinople et qui consiste à rafraîchir sans cesse, en inondant les murailles et les toits des maisons voisines.

Malgré nos efforts, la muraille chauffée tout autour, à une température extraordinaire, menaçait de propager l'incendie, lorsqu'on vint m'annoncer que sous le sol du chantier on avait caché dans le sable une bonne provision de poudre. Je recommandai de ne rien dire et de diriger les pompes de ce côté. Heureusement le vent tomba tout à fait et la ville fut préservée.

Le 16 novembre, 160 bâtiments étaient arrivés. Le lendemain matin, on devait assister aux prières des musulmans et des chrétiens. Deux estrades semblables avaient été préparées pour recevoir deux autels. Une troisième estrade était destinée aux souverains, aux personnages invités.

Les diverses dispositions étaient prises, quand arrive un coup de mer très-violent qui couvre d'eau toute la plage et entoure les tribunes. Nous ne savions comment nous tirer de là; enfin avec du sable nous parvînmes à former autour des tribunes un espace libre et sec. On était ainsi entouré d'eau, et ce fut un spectacle magique de voir à leur arrivée les invités traverser ce lac improvisé.

C'était la première fois que l'autel chrétien et l'autel musulman se trouvaient en face, et que les deux clergés officiaient ensemble.

Les ordres avaient été distribués pour faire partir le 17 au matin la flotte d'inauguration. Le soir du 16, après avoir reçu l'Impératrice et les étrangers, je m'entends avec le capitaine du port, officier de marine très-distingué, M. Pointel, que la mort nous a enlevé depuis; nous avions tout organisé, quand, à minuit, on m'annonce qu'une frégate égyptienne s'est échouée à trente kilomètres de Pord-Saïd, au milieu des eaux, c'est-à-dire que, placée en travers, elle était montée sur une des berges, et barrait le passage. Aussitôt je fis réunir les moyens nécessaires pour la déséchouer; un bateau à vapeur fut expédié avec des hommes et les moyens nécessaires à l'opération. Ils reviennent à deux heures et demie du matin, disant qu'il est impossible de faire bouger la frégate. Messieurs, il faut avoir confiance, en ce monde, sans quoi l'on ne peut rien faire. (*Très-bien, très-bien.*) Je ne voulus rien changer au programme du lendemain. Logiquement j'avais tort, mais les faits ont prouvé que j'avais raison. (*Nouvelles marques d'approbation.*) Ne soyons pas doctrinaires... cela ne vaut rien ni en affaires ni en politique. (*Très-bien, très-bien. Applaudissements redoublés.*)

A 3 heures du matin, le vice-roi qui était parti pour Ismaïlia, afin d'y recevoir les souverains et les princes, apprenant l'échouage de la frégate, était revenu en toute hâte; en passant, il avait fait faire des efforts inutiles pour soulever la frégate; il m'appela à bord de son bateau, et je le trouvai dans une vive inquiétude, car les moments étaient comptés. Si nous avions remis l'inauguration seulement au lendemain, qu'aurait-on dit? Des dépêches commandées de Paris publiaient déjà que tout était perdu.

Des secours puissants furent mis à la disposition du Prince, qui emmena avec lui un millier de marins de son escadre. Nous convînmes qu'il y avait trois moyens à employer : chercher d'abord à ramener le bâtiment dans le milieu du chenal, ou le coller sur les berges, et si ces deux moyens échouent, il y en a un troisième... Nous nous regardâmes en face, les yeux dans les yeux... « Le faire sauter! s'écria le Prince. — Oui, oui, c'est cela, ce sera magnifique! » Et je l'embrassai. (*Salve d'applaudissements.*) « Mais au moins, ajouta le khédive en souriant, attendrez-vous que j'aie enlevé ma frégate, et que je vous aie annoncé que le passage est libre. » Je ne voulus pas même accorder ce répit. (*Rires approbatifs.*) Le lendemain matin, j'arrivai à bord de *l'Aigle*, sans parler de l'accident à personne, comme bien vous le pensez.

La flotte se mit en marche, et ce ne fut que cinq minutes avant d'arriver à l'endroit de l'échouement, qu'un amiral égyptien monté sur un petit bateau à vapeur nous fit signe que le canal était dégagé. (*Bravo!*) Lorsque nous arrivâmes à Kantara, qui est à 34 kilomètres de Port-Saïd, *le Latif* pavoisé nous salua de ses canons, et tout le monde fut enchanté de l'attention qu'on avait eue de placer ainsi cette grande frégate au passage de la flotte d'inauguration. (*Rires et applaudissements.*) Arrivée à Ismaïlia, l'Impératrice me raconta que pendant toute la durée du voyage elle avait eu comme un cercle de fer autour de la tête, parce que, à chaque instant, elle croyait voir *l'Aigle* s'arrêter, l'honneur du drapeau français compromis et le fruit de tous nos travaux perdu. (*Sensation.*) Suffoquée par son émotion, elle dut quitter la table, et nous l'entendîmes éclater en sanglots, sanglots qui lui font honneur, car c'était le patriotisme français qui débordait de son cœur. (*Applaudissements.*)

Nous avions passé sans difficulté sur le rocher du Sérapeum, et ce qui me fit un grand plaisir, c'est qu'au moment de le franchir, des ouvriers qui étaient près de là, regardant si nous touchions au plafond du canal, avaient exprimé leurs transports de joie par un geste qu'aucune expression ne peut rendre. (*Ici M. de Lesseps excite, en imitant le geste de ces ouvriers, les applaudissements de toute la salle.*)

Il faut dire que depuis le commencement du travail, il n'y a pas un gardien de tente qui ne se soit cru un agent de la civilisation. C'est ce qui nous a fait réussir. (*Très-bien! très-bien !*)

Le passage s'est effectué à merveille. 130 bâtiments ont inauguré l'ouverture du canal, et depuis ce jour il n'y a pas eu d'interruption dans le trajet. Désormais le canal est ouvert à tous les bâtiments, quel que soit leur tirant d'eau.

La navigation à vapeur voit s'ouvrir devant elle, non-seulement l'Arabie, la Chine, la Cochinchine, le Japon et les îles Philippines, mais encore la côte orientale de l'Afrique qui offre de si merveilleuses ressources au commerce, à cause de ses rivières et de ses fleuves. On y a découvert des mines de charbons très-riches. Du Japon, jusqu'à San Francisco, des multitudes d'archipels répandus sur deux mille lieues de l'océan Pacifique appellent la colonisation, non des gouvernements, mais de l'initiative individuelle.

A l'exemple de nos anciens cadets de famille qui ont conquis le Canada, la Louisiane, les Indes, que les jeunes gens d'aujourd'hui, au lieu de végéter dans l'oisiveté ou de suivre des carrières qui ne les mènent à rien de bon, aillent féconder de nouvelles *Iles de France!*

Que rien ne les décourage! l'esprit d'initiative et de persévérance appartient à notre nation plus qu'à toute autre. (*Applaudissements.*)

Mesdames et messieurs, je vous remercie de votre bienveillance, et j'espère que vous ferez des vœux afin que le canal réussisse pour ses actionnaires, comme il a réussi pour la science et pour l'honneur de la France.

M. de Lesseps est salué par des applaudissements redoublés et l'Assemblée se sépare vivement impressionnée.

PARIS — IMPRIMERIE GÉNÉRALE DE CH. LAHURE
Rue de Fleurus, 9

www.ingramcontent.com/pod-product-compliance
Ingram Content Group UK Ltd.
Pitfield, Milton Keynes, MK11 3LW, UK
UKHW012109240726
13965UKWH00004B/1663

9 782013 361095